L'ÉTOILE DE SÉVILLE,

GRAND OPÉRA EN QUATRE ACTES,

PAROLES DE M. HIPPOLYTE LUCAS,

MUSIQUE DE M. BALFE,

DIVERTISSEMENTS DE M. CORALI PÈRE,

DÉCORATIONS DE

MM. PHILASTRE, CAMBON, DIÉTERLE, DESPLÉCHIN ET SÉCHAN.

Représenté, pour la première fois,
A Paris, sur le théâtre de l'Académie Royale de Musique, le 15 décembre 1845.

Prix : 1 franc.

Paris,

Mme Ve JONAS, LIBRAIRE-ÉDITEUR DE L'OPÉRA,
PASSAGE DU GRAND-CERF, 52.
TRESSE, ÉDITEUR, PALAIS-ROYAL, GALERIE DE CHARTRES, 1 et 2.
MICHEL FRÈRES, RUE ET TERRASSE VIVIENNE.

1845

Imp. DONDEY-DUPRÉ, r. S.-Louis, 46 au Marais.

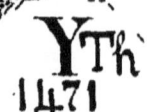

L'ÉTOILE DE SÉVILLE,

GRAND OPÉRA EN QUATRE ACTES,

PAROLES DE M. HIPPOLYTE LUCAS,

MUSIQUE DE M. BALFE,

DIVERTISSEMENTS DE M CORALI PÈRE,

DÉCORATIONS DE
MM. PHILASTRE, CAMBON, DIÉTERLE, DESPLÉCHIN et SÉCHAN.

REPRÉSENTÉ POUR LA PREMIÈRE FOIS, A PARIS, SUR LE THÉÂTRE DE L'ACADÉMIE ROYALE DE MUSIQUE,
LE 13 DÉCEMBRE 1845.

PARIS.
Mme Vve JONAS, LIBRAIRE ÉDITEUR DE L'OPÉRA,
PASSAGE DU GRAND-CERF, 52.
TRESSE, ÉDITEUR, PALAIS-ROYAL, GALERIE DE CHARTRES, 1 et 2.
MICHEL FRÈRES, RUE ET TERRASSE VIVIENNE.

1845.

L'idée de cet opéra a été suggérée à l'auteur par une pièce de Lope de Vega, intitulée : *la Estrella de Sevilla*.

Grâce aux bienveillants conseils et aux soins expérimentés de M. Léon Pillet, cette idée a pris une forme lyrique.

Hippolyte LUCAS.

DISTRIBUTION DE LA PIÈCE.

CHANT.

PERSONNAGES.	ACTEURS.
LE ROI (Don Sanche IV, dit le Brave)...............	M. BAROILHET.
DON SANCHE, Cid d'Andalousie.....................	M. GARDONI.
DON BUSTOS, père d'Estrelle, Régidor de Séville........	M. BRÉMONT.
DON ARIAS, Confident du Roi.....................	M. MENGHIS.
GOMEZ, confident de Bustos.......................	M. FERD. PRÉVOST.
PEDRO, batelier, amant de Zaïda...................	M. PAULIN.
DONA ESTRELLE, crue fille de Don Bustos.............	Mme STOLTZ.
ZAÏDA, esclave mauresque, sa suivante, amante de Pedro.....	Mlle NAU.
DIEGO, valet de Don Bustos.......................	PERSONNAGE MUET.

ALCADES, PAGES DU ROI, VALETS DE BUSTOS, COURTISANS, SOLDATS, PEUPLE, ETC.

DANSE.

PREMIER ACTE.
Peuple.

DOUZE HOMMES.

MM. Archinar, Maujin, Clément, Wiethof 1er, Gondoin, Alexandre, Chatillon, Vendris, Pinguely, Guiffard, Belleville, Nettre.

DOUZE DAMES.

Mmes Saulnier, Laurent 1re, Bénard, Vaslin, Colson, Baillet, Gougibus, Toutain, Julien 1re, Rosa Heemanns, Maujin.

Enfants.

MM. Minar, Wiethof 2, Beauchet, Dieul 1er, Dieul 2, Frappar.

Mlles Monpérin, Julien 2, Delahaye 1re, Delahaye 2, Bertin, L'Amoureux.

Chevaliers.

MM. Quériau, Lenfant, Isambert, Monet, Lefèvre, Rouget, Deschamps, Scio, Wells, Darcour, L. Petit.

Alcades.

MM. Cornet, Josset, Carré, Millot.

Pages du Roi.

Mmes Lenoir, Pézée, Giraudier, Guyot, Glinelle, Pieron.

Pages de Don Sanche.

Mmes Péréda, Cassegrain.

DIVERTISSEMENT.

PAS DE CINQ.

Mmes Emarot, Marquet 1re, Caroline, Wiethof, Théodore.

PAS DE TROIS.

Mmes Maria, Robert, Plunket.

VINGT-QUATRE DAMES DU BALLET.

Mmes Toussaint, Franck, Jeunot, Nathan, Lacoste, Danse, Cluchar, Maréchallo, Feugère, Bourdon, Jeandron, Marquet 3, Rousseau, Devion, Marquet 2, Laurent 2, Courtois, Paget, Savel, Chambret, Mayé, Favre, Passérieux, Josset.

DEUXIÈME ACTE.
Domestiques.

MM. Monet, Wells, Vandris, Clément, Archinar, Coulon, Pinguely, Wiethof 1er, Darcour, Alexandre, Maujin.

TROISIÈME ACTE.
Pages du 1er Acte.
Domestiques.

MM. Gondoin, Chatillon, Scio, Wiethof 1er, Belleville, Vandris, Alexandre, Clément.

DOUZE DAMES.

Mmes Toussaint, Franck, Jeandron, Danse, Marquet 2, Nathan, Cluchar, Lacoste, Devion, Bourdon, Josset, Paget.

DOUZE PAGES.

Mmes Feugère, Marquet 3, Laurent 2, Rousseau, Courtois, Savel, Chambret, Favre, ...challe, Mayé, Passérieux, Gallois.

QUATRIÈME ACTE.
Pages du 1er Acte.

CHEVALIERS ET ALCADES.

L'ÉTOILE DE SÉVILLE.

OPÉRA EN QUATRE ACTES.

ACTE PREMIER.

Le théâtre représente la principale place de Séville, préparée pour l'entrée du Roi. — Arcs de triomphe, bannières, etc.

SCÈNE PREMIÈRE.

CHOEUR DU PEUPLE.

Belle Séville,
Heureuse ville,
Au sol fertile,
Aux cieux si purs !
Honneur extrême !
Aujourd'hui même,
Un roi qui t'aime
Revoit tes murs !...

De la gloire esclave,
Déjà sa valeur,
Du surnom de brave
A conquis l'honneur !...
Que pour lui s'apprête
Ce brillant séjour!
Pour si noble fête
Se lève un beau jour.

PEDRO.
Zaïda...

ZAÏDA.
Pedro...

PEDRO.
Dans la foule,
A travers son torrent qui roule,
Je te cherchais...

ZAÏDA.
Je te cherchais aussi.

PEDRO.
Avec l'étoile de Séville...
Ta maîtresse, orgueil de la ville,
On te verra bientôt ici...

ZAÏDA.
Non... de nos beautés la première,
Docile aux ordres de son père,
A la fête manquera.

PEDRO.
Comment !

ZAÏDA.
Bien plus... sous sa fenêtre
Quand le cortége passera,
Bustos, à son balcon, lui défend de paraître.

PEDRO.
Se peut-il ?...

ZAÏDA.
A Burgos le roi la vit un jour ;
Elle eut, dit-on, le malheur de lui plaire !...

PEDRO.
Le malheur !...

ZAÏDA.
Oui... car en amour
On sait le roi fort téméraire.

PEDRO.
Quel contretemps !... du moins ce soir,
Au jardin je pourrai te voir...

ZAÏDA.
Au jardin ?... Quand ?...

PEDRO.
Après la fête,
A minuit.

ZAÏDA.
A minuit !... un pareil tête-à-tête...

PEDRO.
Est sans péril près d'un amant
Qui d'épouser a fait serment.

DUETTINO.

ZAÏDA.
Tu le promets encore !...
J'ai compté sur ta foi !...

PEDRO.
Tu sais bien qu'on t'adore...
On ne vit que pour toi...

ZAÏDA.
A toi je m'abandonne...

PEDRO.
Quand minuit sonnera.

ZAÏDA.
Puisque l'amour l'ordonne,
Trop bonne, on y sera !...

PEDRO.
Ma Zaïda !

ZAÏDA.
On y sera.

ENSEMBLE.
On y sera. — Elle y sera.

ENSEMBLE.

ZAÏDA.
Tu le promets encore !

Tu m'as donné ta foi!...
Tout me dit qu'il m'adore
Et ne vit que pour moi !
A lui je m'abandonne,
Quand minuit sonnera,
Puisque l'amour l'ordonne,
Trop bonne !... on y sera!
On y sera!

PEDRO.
Je te le jure encore,
Je t'ai donné ma foi,
Je t'aime, je t'adore,
Et ne vis que pour toi...
Viens, l'amour te l'ordonne,
Quand minuit sonnera,
Au rendez-vous qu'il donne
Le bonheur m'attendra,
Elle y sera !

Ils sortent.

REPRISE DU CHŒUR.
Belle Séville!
Heureuse ville! etc.

SCÈNE II.
DON BUSTOS, GOMEZ.

DON BUSTOS, *montrant des courtisans qui traversent la scène pour aller au-devant du Roi.*
De l'héritier d'Alphonse ils célèbrent la gloire,
Dans ces murs où j'ai vu son père infortuné,
Détrôné par son fils, de tous abandonné.
Mourir... en me laissant...

GOMEZ.
Etouffez la mémoire
De ces funestes jours!

DON BUSTOS.
Mon deuil est un affront
Pour ces ingrats... pour leur bassesse !
Mais de mon dévoûment l'aspect en vain les
[blesse,
Rien ne fera rougir leur front.

GOMEZ.
Voici don Sanche... avec lui je vous laisse...

DON BUSTOS.
Notre Cid, un héros aussi tendre que fier,
Cœur d'or et bras de fer !

SCÈNE III.
DON SANCHE, DON BUSTOS.

DON SANCHE.
Noble corrégidor !... enfin, le roi s'avance...
Tout est-il préparé pour le bien recevoir ?
Qu'il tarde à mon impatience
De le revoir !...

DON BUSTOS.
Je sais combien ton âme est attachée
Au nouveau roi!... séduit par sa valeur,
Tu ne vois pas sa couronne entachée !...

DON SANCHE.
Je vois sa gloire et non pas son erreur!

DUO.
Je sais qu'au rivage du Maure
Il a combattu comme moi !
Qu'un surnom glorieux l'honore !
Je sais que Dieu l'a fait mon roi !...

DON BUSTOS.
Ah! puisses-tu malgré la haine,
Qui de ce cœur ne peut sortir,
Du penchant qui vers lui t'entraîne
N'avoir pas à te repentir !...

DON SANCHE.
Mais trêve à ces débats... et parle-moi...

DON BUSTOS.
D'Estrelle?

DON SANCHE.
Tu dis vrai, noble ami, c'est elle
Qui me commande un doux aveu!...
Mon âme, à son seul nom, éperdue, attendrie!...

DON BUSTOS.
Tu l'aimes donc?

DON SANCHE.
Plus que la vie !
Plus que la gloire ! autant que Dieu!

ROMANCE.
PREMIER COUPLET.
Depuis deux ans, auprès d'Estrelle
Par toi-même admis chaque soir,
Sans l'aimer, sans brûler pour elle
Un seul jour ai-je pu la voir !...
Deux ans d'espoir et de silence
Sous tes yeux se sont écoulés...
Hier enfin, à ma constance
D'un regard elle a dit... Parlez.

DEUXIÈME COUPLET.
A tant d'honneur oser prétendre !
Son dédain m'en pouvait punir :
Nul autre amour d'amour si tendre
N'eût remplacé le souvenir :
Deux ans d'espoir et de silence
Sous tes yeux se sont écoulés...
Hier enfin à ma constance
D'un regard elle a dit... Parlez.

TROISIÈME COUPLET.
DON BUSTOS, *lui tendant la main.*
Crois-tu donc que ma vigilance
Ait ignoré ce doux penchant?
J'ai voulu moi-même en silence
Protéger votre amour naissant !...

Oui... pour un trône est faite Estrelle !
Mais je disais, songeant à toi :
Don Sanche seul est digne d'elle,
Pour moi le Cid est plus qu'un roi !
ENSEMBLE.
DON SANCHE.
Délire extrême,
Celle que j'aime
Reçoit ma foi.
Plus de mystère,
O sort prospère,
Elle est à moi !
DON BUSTOS.
Aujourd'hui même
Celle qui t'aime
Reçoit ta foi.
Plus de mystère,
Destin prospère,
Elle est à toi.
DON SANCHE.
Je veux, pour couronner la fête,
Que le roi lui-même aujourd'hui
Préside à notre hymen...
BUSTOS.   Arrête !...
Votre hymen se fera sans lui.
DON SANCHE.
Quoi! tu veux...
DON BUSTOS.   As-tu confiance
En ma sagesse, en mon honneur ?
Repose-toi sur ma prudence
Du soin de ton bonheur.
ENSEMBLE.
DON SANCHE.
Délire extrême,
Celle que j'aime
Reçoit ma foi.
Plus de mystère,
O sort prospère,
Elle est à moi !
DON BUSTOS.
Aujourd'hui même
Celle qui t'aime
Reçoit ta foi.
Plus de mystère,
Destin prospère,
Elle est à toi.

SCÈNE IV.

LES MÊMES, LE ROI *précédé d'un brillant cortége, suivi de* DON ARIAS *et de nombreux courtisans.* DON SANCHE *s'empresse d'aller au-devant de lui.* BUSTOS *au contraire se tient à l'écart.*
MARCHE TRIOMPHALE.

CHOEUR *du peuple précédant le cortége du Roi.*
Plus de discorde, plus d'orage :
L'arc-en-ciel a brillé pour nous ;
Le roi s'approche comme un gage
De paix, de bonheur pour tous.
Entrée du Roi.
LE ROI, *relevant Don Sanche qui s'incline devant lui.*
Don Sanche ! dans mes bras ! nous sommes frères
[d'armes.
Que ce jour a pour moi de charmes !
Il me rappelle nos exploits.
Oui... si l'on m'appelle *le Brave*,
Si ce noble surnom dans l'histoire se grave,
A ton exemple je le dois.
CHOEUR.
Vive le plus vaillant des rois !...
Honneur au Cid !... à ses exploits !...
UN RÉGIDOR, *présentant au Roi les clefs de la ville.*
De la ville qui vous vit naître,
Sire, voici les clefs.
LE ROI.
          Ah ! je ne suis plus maître
De mon trouble ; il remplit mes yeux
     De pleurs délicieux.
LE ROI.
O doux berceau de mon enfance,
Mon seul regret, mon espérance !
Noble Alcazar, sous ma puissance
Tu rentres donc, et pour toujours !
Séville aux mauresques arcades,
Séville aux fraîches promenades,
Séville aux molles sérénades,
Salut, Séville, mes amours !
Loin de toi me suivait l'image
De tes femmes au pur visage,
De ces beautés au doux langage,
Plus doux qu'un chant du rossignol.
Séville, qu'à tout je préfère,
Jamais, jamais aucune terre
N'obtint des cieux plus de lumière,
Plus de parfums de son beau sol.
O doux berceau de mon enfance, etc.

BALLET.

Le Roi s'assied sur un trône.—Danses.—Des femmes défilent devant lui, lui apportant des fleurs.

LE ROI, *bas, à don Arias.*
Du feu de leurs regards mon âme est enivrée !
Mais dis, n'as-tu pas vu, timide à son balcon,
La beauté qu'à Burgos j'avais tant admirée,
Dont tu cherchas en vain la demeure et le nom?

DON ARIAS.
Oui, sire.
LE ROI.
Ah ! cette fois j'espère
Percer, grâce à toi, ce mystère...
N'épargne rien pour lui faire savoir
De son roi l'amour et l'espoir.
Arias sort.
Le Ballet continue.

ARIAS, *rentrant et parlant bas au Roi.*
Elle se nomme Estrelle... On l'appelle en tous
[lieux
L'Étoile de Séville... Un père soupçonneux
De tromper votre amour a conçu l'espérance !
LE ROI, *bas à don Arias.*
L'insensé ! dès ce soir, malgré sa vigilance,
Prodigue l'or, et que sans bruit,
Près de la belle
En vain rebelle
Je sois introduit
A minuit.
Haut, aux Seigneurs qui l'entourent.
La belle fête et le beau jour !
De plaisir mon âme est ravie !
Après la volupté, que la gloire ait son tour ;
Au tournoi le roi vous convie.
CHOEUR.
La belle fête et le beau jour !
De plaisir son âme est ravie !
Après la volupté que la gloire ait son tour ;
Au tournoi le roi nous convie.
DON SANCHE.
Preux chevalier, l'honneur m'appelle.
Estrelle,
Hélas !
N'y sera pas !...
Mais ce cœur n'est rempli que d'elle...
En combattant pour la plus belle...
Pour elle combattra mon bras.
LE ROI.
Preux chevalier, l'honneur m'appelle.
Estrelle,
Hélas !
N'y sera pas !...
Mais ce cœur n'est rempli que d'elle...
En combattant pour la plus belle,
Pour elle combattra mon bras.
DON BUSTOS, *à don Sanche.*
Preux chevalier, l'honneur t'appelle.
Ton Estrelle
N'y sera pas !...
Mais ton cœur n'est rempli que d'elle...
En combattant pour la plus belle,
Pour elle combattra ton bras.
ZAÏDA *voilée, bas à don Sanche en lui donnant une écharpe.*
Preux chevalier, l'honneur t'appelle...
Estrelle,
Hélas !
N'y sera pas !...
Prends ce tissu brodé par elle...
En combattant pour la plus belle,
Pour elle combattra ton bras.
REPRISE DU CHOEUR.
La belle fête et le beau jour, etc.

Les Chevaliers s'arment et partent pour le Tournoi.

TABLEAU.

ACTE DEUXIÈME.

Première Partie.

Chambre d'Estrelle.

Estrelle brode une écharpe d'un air distrait. Zaïda est assise à ses pieds sur un tapis oriental.

SCÈNE PREMIÈRE.
ESTRELLE, ZAÏDA.
ESTRELLE.
Le tournoi va finir... don Sanche ne vient pas.
ZAÏDA.
Chez le roi le devoir a pu guider ses pas.
ESTRELLE.
Un noir pressentiment me poursuit et m'assiége !
ZAÏDA.
Regrettez-vous d'avoir contemplé le cortége,
Malgré l'ordre d'un père ?...
ESTRELLE.
Ah ! j'espérais y voir
Sur son coursier aussi blanc que la neige,

Mon don Sancho, et pour lui j'oubliai mon de-
ZAÏDA.   [voir!...
              Allons !... pour chasser la tristesse,
Voulez-vous que je chante, ô ma belle maîtresse
Une chanson mauresque apprise ces jours-ci?..
        ESTRELLE.
Chante, si tu le veux...
              ZAÏDA.
                    Ma chanson, la voici.
    Je suis une fille more,
    Allah ! mon âme t'adore,
    Je sommeillais l'autre nuit;
    A ma porte on fit du bruit.
    Quelqu'un disait : Fille More,
    Allah! mon âme t'adore,
    Un ennemi de la foi
    Veut me tuer... ouvre-moi.
    Je suis une fille More,
    Allah! mon âme t'adore...
    Je me lève me voilant
    l'épaule d'un manteau blanc.
    Un chrétien, non pas un More,
    Allah! mon âme t'adore,
    S'écrie, en s'offrant à moi :
    Je t'aime et je suis le roi.
    Je suis une fille More,
    Allah! mon âme t'adore;
    Mais en te gardant sa foi,
    Peut-on refuser un roi...

SCÈNE II.

ESTRELLE, ZAÏDA, puis DON SANCHE.

Zaïda va continuer sa chanson quand Estrelle l'interrompt en se levant tout à coup en s'écriant :
        ESTRELLE.
C'est lui !...
ZAÏDA, *surprise et laissant tomber sa guitare.*
        Qu'est-ce ?...
        ESTRELLE.
              C'est lui ! je ne m'abuse pas !...
Non !... tout mon cœur tressaille au seul bruit
                      [de ses pas...
        Courant au devant de Don Sanche.
Don Sanche!...
        DON SANCHE.
    Estrelle!...
        ESTRELLE.
            Enfin!... ce n'est donc point un rêve...
        ZAÏDA.
Vainqueur !...
        ESTRELLE.
        Comme toujours!...
        DON SANCHE.
                Je combattais pour toi!...
        ESTRELLE.
Et mon père?...

        DON SANCHE.
...Sait tout... demain Estrelle...
        ESTRELLE.
                    Achève!...
        DON SANCHE.
Demain, mon Estrelle est à moi...

DUO.
        ESTRELLE.
A lui demain ! dans mon délire,
J'y crois à peine !... est-ce une erreur ?
Est-ce pour moi que tu fais luire,
Dieu tutélaire ! un tel bonheur ?
Jamais d'ivresse et d'espérance
Cœur ne frémit plus agité !...
        DON SANCHE.
Comme à cette heure, en ta présence,
Jamais le mien n'a palpité !
Ni le jour où ton noble père
Au champ d'honneur vint m'armer chevalier;
Ni quand je fis bondir dans la carrière
Pour la première fois mon rapide coursier.

ENSEMBLE.
        ESTRELLE.
A lui demain ! dans mon délire,
J'y crois à peine !... Est-ce une erreur ?
Est-ce pour moi que tu fais luire,
Dieu tutélaire ! un tel bonheur ?
        DON SANCHE.
A moi demain ! dans mon délire,
J'y crois à peine !... est-ce une erreur...
Est-ce pour moi que tu fais luire,
Dieu tutélaire ! un tel bonheur ?
        ESTRELLE.
Hélas! j'avais besoin de ta présence ! un songe
En un trouble inconnu depuis hier me plonge!...

ROMANCE.
    PREMIER COUPLET.
    Sais-tu bien quel tourment,
    Quels ennuis soulève,
    En un cœur bien aimant,
    Parfois un vain rêve !...
    Tout, hélas ! est pour moi
    Deuil, fatal présage...
    Moi qui n'ai, loin de toi,
    Espoir ni courage.
    DEUXIÈME COUPLET.
    Là... plaintif, expirant,
    Je crois voir mon père !...
    Là... ton bras, de mon sang
    Veut rougir la terre !...
    Tout, hélas! est pour moi
    Deuil, fatal présage !
    Moi qui n'ai loin de toi
    Espoir ni courage.

DON SANCHE.
Vain effroi!...
Frayeur cruelle
Qui pourrait t'arracher à moi,
O mon Estrelle?
ESTRELLE.
Mais tu parais!... plus de terreur!
Des noirs pensers Dieu me délivre!
Auprès de toi mon cœur s'enivre
D'espoir, d'amour et de bonheur.
DON SANCHE.
Comment rêver sur terre
Un plus heureux destin?
Le jour a fui!... ton père
Nous unira demain!...
Demain, dans la chapelle
Consacrée au feu roi,
Pour jamais mon Estrelle
Va se donner à moi.
ENSEMBLE.
ESTRELLE. — DON SANCHE.
Auprès de toi plus de terreur,
Des noirs pensers Dieu me délivre!
Auprès de toi mon cœur s'enivre
D'espoir, d'amour et de bonheur!

Don Sanche sort. — Estrelle rentre dans ses appartements.

Deuxième Partie.

Il fait nuit. Jardin du château de Bustos. — A gauche un mur et une petite porte. — A droite le château.

SCÈNE PREMIÈRE.
DON BUSTOS, ZAIDA.
DON BUSTOS.
Tu ne t'abuses point...
ZAÏDA.
Non, non! sur la terrasse
Cherchant Pedro, je vois venir à cette place
Un page avec Diégo; le page lui disait:
Ne crains rien; prends d'abord les arrhes qu'on
[t'apporte,
Et sans bruit, à minuit, viens ouvrir cette porte...
On doublera la somme...
DON BUSTOS.
Et Diégo répondait?...
ZAÏDA.
A minuit.
On entend frapper trois coups dans les mains.
Mais quel bruit!... c'est sans doute un signal.
DON BUSTOS.
Silence!... au ravisseur ce jeu sera fatal!

Il se cache derrière un arbre, enveloppé de son manteau et le poignard à la main; au même instant on voit Diégo, portant une lanterne sourde, traverser le théâtre avec précaution en passant devant l'arbre derrière lequel est caché Bustos. Il va ouvrir la porte indiquée par Zaïda.

SCÈNE II.
LES MÊMES, LE ROI, *enveloppé dans son manteau*, DON ARIAS.
QUATUOR.
DON ARIAS.
Avançons en silence...
A votre impatience,
Du fort ma prévoyance
A su livrer accès...
L'ombre nous favorise;
Bientôt la belle éprise,
D'une heureuse entreprise
Bénira le succès.
LE ROI.
Avançons en silence...
A mon impatience
Du fort sa prévoyance
M'a su livrer l'accès.
L'ombre nous favorise;
Bientôt la belle éprise,
D'une heureuse entreprise
Bénira le succès.
DON BUSTOS.
Attendons en silence...
Et de leur impudence,
Grâce à Dieu, ma prudence
Déjouera les projets.
D'une lâche entreprise
Que la nuit favorise,
Voyons si leur surprise
Bénira le succès.
ZAÏDA.
Attendons en silence...
De leur impatience,
Bustos, par sa prudence,
Déjouera les projets.
D'une lâche entreprise
Que la nuit favorise,
Voyons si leur surprise
Bénira le succès.
LE ROI, *montrant le château.*
Là, le bonheur m'appelle
A Diégo en lui donnant une bourse.
Grâce à toi! prends cet or,
Par l'adresse et le zèle
Bien gagné...

A ce moment Diégo, qui précède le Roi en l'éclairant, est arrivé devant l'arbre derrière lequel est caché Don Bustos.

DON BUSTOS, *paraissant tout à coup et frap-*
pant Diégo d'un coup de poignard.
.... Pas encor!...
DON ARIAS ET ZAÏDA.
Grand Dieu!...
Zaida s'enfuit du côté du château.
LE ROI.
Ciel! don Bustos!

SCÈNE III.

LES MÊMES, *moins* ZAÏDA.

DON BUSTOS.
Qui donc ose à cette heure
Violer ainsi ma demeure?
A des larrons faut-il apprendre qui je suis...
DON ARIAS.
Des larrons! don Bustos, nous sommes,
Ainsi que toi, chevaliers, gentilshommes!
DON BUSTOS, *avec mépris.*
Chevaliers! vous! qui donc ici vous a conduits?
De vos desseins ton effroi fait l'éloge...
DON ARIAS.
Ah! tais-toi...
DON BUSTOS.
Mon épée alors vous parlera.
LE ROI, *mettant la main sur la garde de son*
épée.
Ah! la mienne répond sitôt qu'on l'interroge.
DON BUSTOS, *à part, reconnaissant la voix du*
Roi.
C'est lui!... ma main le châtiera.
ENSEMBLE.
DON BUSTOS.
Je fuyais en vain sa présence...
Il le faut... c'est l'ordre des cieux...
Je devais tôt ou tard vengeance
Au roi donc j'ai fermé les yeux!
DON ARIAS, *au Roi.*
Ah! sire! évitez sa présence,
Fuyez un père furieux...
Craignez l'éclat de sa vengeance,
Cachez vos traits, quittons ces lieux.
LE ROI.
Moi! fuir devant son insolence,
Comme un larron baisser les yeux!
Jamais! c'est à son imprudence
A craindre ce bras furieux.
DON BUSTOS, *au Roi.*
Viens donc!...
DON ARIAS, *arrêtant le bras du Roi qui veut se*
mettre en garde.
Que faites-vous?...
LE ROI.
A sa voix mon épée
A tressailli comme mon cœur.

DON BUSTOS.
La mienne de ton sang sera bientôt trempée...
DON ARIAS, *se jetant entre Bustos et le Roi.*
Arrête!... c'est le roi...
DON BUSTOS, *feignant de ne pas le croire.*
Le roi!... vil imposteur!
Non!... la ruse est grossière et te fait peu d'hon-
[neur...
Le roi dans nos murs entre à peine,
Et quand, de la foule incertaine
On cherche à lui gagner l'amour,
Par le déshonneur d'une fille,
Par le malheur de sa famille,
Il viendrait marquer son retour!...
Plein d'une audace sans seconde,
Il viendrait, rappelant au monde
Sa jeunesse, en crimes féconde,
Braver la haine et le mépris!...
Il viendrait tenter ma colère,
A moi..., l'ami du noble père
Qui de douleur et de misère
Mourut en maudissant son fils!...
ENSEMBLE.

LE ROI.
De honte et de colère
Je sens frémir mon cœur.
Non! rien ne peut soustraire
L'infâme à ma fureur.
DON ARIAS.
De honte et de colère
Je sens frémir mon cœur.
Non rien ne peut soustraire
L'infâme à sa fureur.
DON BUSTOS.
De honte et de colère
Il sent frémir son cœur.
En moi son noble père
Trouve enfin un vengeur.
LE ROI.
Misérable!... à ses coups ton maître
Se fera bientôt reconnaître.
DON BUSTOS.
Au niveau de ton impudeur
Descendrait un homme d'honneur!...
Non! ton audace encor sera trompée...
Pour châtier un infâme imposteur
Il suffira du plat de mon épée!...
Il le frappe du plat de son épée.
LE ROI.
Oh! rage!...
DON ARIAS, *à Bustos.*
Malheureux!...
DON BUSTOS, *à la cantonade.*
Des torches, des flambeaux!
A moi! Pedro! Gusman! qu'on puisse recon-
A leur clarté le visage du traître! [naître

ENSEMBLE.

LE ROI.
De honte et de colère, etc.
DON ARIAS.
De honte et de colère, etc.
DON BUSTOS.
De honte et de colère, etc.

LE ROI, *entrainé par don Arias.* [bourreaux...
Infâme!... ah! tout ton sang par la main des
DON ARIAS.
On vient...sire, fuyons...il en est temps encore!
Fuyons... les moments sont comptés!...
LE ROI, *toujours entrainé par don Arias.*
Bustos...tu paieras cher l'affront que je dévore...
Il sort par la porte que Don Bustos a laissé à Arias le temps d'ouvrir.
DON BUSTOS.
Va!...
Les valets qui sont accourus avec des flambeaux veulent poursuivre les fuyards. Bustos ferme la porte sur le Roi et barre le passage aux valets.
Justice est faite!... arrêtez!...

ACTE TROISIÈME.

Première Partie.

Grande salle de bal dans le palais du Roi.

SCENE PREMIERE.

BALLET.

Danses accompagnées par les chœurs.

CHOEUR DE COURTISANS.

Jamais fête pareille
N'avait charmé nos yeux;
Mais l'aurore vermeille
Va briller dans les cieux.
Plus de molles cadences,
Allons, retirons-nous.
Après le jeu, les danses;
Le repos est si doux!

Groupes de Seigneurs se détachant de la foule.
PREMIER SEIGNEUR.
Il s'est passé quelque mystère;
Avez-vous vu le front du roi?
DEUXIÈME SEIGNEUR.
Dans ses yeux se peint la colère,
Au palais règne un vague effroi.
TROISIÈME SEIGNEUR.
L'Africain peut-être s'avance.
QUATRIÈME SEIGNEUR.
Est-ce quelque rébellion?
CINQUIÈME SEIGNEUR.
Est-une guerre avec la France?
SIXIÈME SEIGNEUR.
Faut-il craindre encor l'Aragon?

CHOEUR DES SEIGNEURS.

Ah! quel que soit le courroux qui l'anime,
Nous soutiendrons ce prince magnanime;
Ses chevaliers ne seront pas ingrats,
Il peut compter sur nos cœurs, sur nos bras.
PREMIER SEIGNEUR.
Mais cependant, discrets, ne l'interrogeons pas.
Répétons le refrain que l'on entend là-bas.

REPRISE DU CHOEUR.

Jamais fête pareille
N'avait, etc.

Le chœur des Seigneurs se mêle au chœur lointain de la foule.

BALLET.

A la fin du ballet, Don Arias entre, précédant le Roi de peu d'instants; sur un signe de lui tout le monde se retire. Il se retire lui-même quand le Roi est entré.

SCÈNE II.

LE ROI.

Malheureux! où porter le trouble qui m'agite?
Dans ce piége infernal ai-je pu m'engager?
Frappé par un sujet... et réduit à la fuite!...
Que faire?... Oh! comment me venger?

CANTABILE.

Aux torts qu'une jeunesse ardente
Trop longtemps me fit pardonner.
Jouet d'une fougue imprudente,
Devais-je encor m'abandonner?...
De Bustos le courage austère
Jusqu'au trépas fut votre appui;
Par sa main, est-ce vous, mon père,
Vous qui me frappez aujourd'hui?
Mais, que dis-je! où va ma démence
Excuser un pareil affront,
Quand une sanglante vengeance
Seule en pourrait laver mon front!...
    D'un mortel outrage
    Frémit mon courage.
    Bustos, à ma rage
  • Tu rendras raison.
    Rien à ma colère
    Ne peut te soustraire.
    Rien! de moi n'espère
    Ni paix ni pardon.

Repoussant la couronne qui est sur une table à côté de lui.

Noble couronne,

Que Dieu nous donne,
Va... brise-toi,
Si sur la terre
Quelqu'un peut faire
Rougir le roi.
D'un mortel outrage
Frémit! etc.

SCÈNE III.
LE ROI, DON SANCHE.

DON SANCHE.
A vos ordres soumis...

LE ROI.
Don Sanche! enfin... c'est toi!

DON SANCHE.
Sire! qui peut causer le trouble où je vous vois?

DUO.
LE ROI.
Nous avons été frères d'ames,
Partageant les mêmes alarmes,
Nous avons mêlé notre sang!...
Qu'à ces temps Sanche se reporte!
Il saura si mon âme est forte,
Si l'outrage est sur moi puissant !

DON SANCHE.
Sire, on connaît votre vaillance.

LE ROI.
Eh bien ! l'on m'a fait une offense...
Que le dernier soldat au prix de tout son sang
Eût voulu laver à l'instant!
Et moi!... par un fatal mystère,
Au monde entier moi je dois taire
L'affront dont tu me vois rougir
Et le nom de celui qui me l'a fait subir!...
Je ne peux signaler le traître,
Ni de lui me faire connaître
Sans avilir la royauté !...
Je ne puis sans flétrir ma race,
Provoquer ni voir face à face
Celui de qui la lâche audace
M'a, comme un valet, insulté !

DON SANCHE.
De vous, sire, eut-il à se plaindre?

LE ROI.
Oui... Ce cœur ne sut jamais feindre...
L'affront dont rougit ma fierté
Fut sanglant, mais mérité...

DON SANCHE.
L'offenseur est-il noble et brave,
Sire?

LE ROI.
Oui !

DON SANCHE.
De sa parole esclave?

LE ROI.
Oui !

DON SANCHE.
Noble? brave ? et chevalier?

LE ROI.
Eh bien ?

DON SANCHE.
Il faut le défier.

LE ROI.
Je reconnais le Cid à ce noble langage !

DON SANCHE.
De ce combat pour vous redoutant le hasard,
Un autre vous ferait l'outrage
De vous conseiller le poignard...
Mais le roi sait qu'en notre Espagne
La perfidie est en horreur...
La gloire est toujours sa compagne,
Votre guide est toujours l'honneur !

ENSEMBLE.
LE ROI.
Oui, ton roi sait qu'en notre Espagne
La perfidie est en horreur...
La gloire est toujours ma compagne,
Et mon guide est toujours l'honneur !

DON SANCHE.
Oui, le roi sait qu'en notre Espagne
La perfidie est en horreur...
La gloire est toujours sa compagne,
Et son guide est toujours l'honneur !

Il s'assied et se met à écrire.

LE ROI.
Le défier!... mais comment faire?
Faut-il donc trahir le mystère
Qui pour moi-même et pour la royauté...?

DON SANCHE, *lui présentant le billet qu'il vient d'écrire.*
Non, sire, il sera respecté !

LE ROI, *lisant.*
« Celui qu'osa frapper ta criminelle audace
» Dans un combat mortel t'en demande raison !
» Au secret condamné pour l'honneur de sa race,
» Il t'attendra... cachant ses traits comme son nom !
» Si tu n'es lâche ni traître,
» Sans chercher à le connaître,
» Au défi tu répondras :
» Ou si ton orgueil balance
» Sous le bâton, sans défense
» Comme un valet, tu mourras ! »

LE ROI, *avec joie, en serrant la main de don Sanche.*
C'est Dieu! c'est mon bon ange
Qui t'a conduit ici.
En soldat je me venge.
Merci, Sanche, merci !

DON SANCHE.
C'est Dieu! c'est mon bon ange
Qui m'a conduit ici !
En soldat je le venge.
Merci, mon Dieu, merci !

LE ROI, à don Arias.
A l'instant va remettre
Ce cartel en secret...
ARIAS, bas, à Sanche.
Un cartel ! ah ! seigneur, avez-vous pu permet-
[tre....
DON SANCHE, bas, à Arias.
Il ne se battra pas ! moi seul...
ARIAS.
Vous ?
DON SANCHE, bas, au même.
Sois discret !
Arias sort.

ENSEMBLE.
LE ROI.
C'est Dieu ! c'est mon bon ange
Qui l'a conduit ici.
En soldat je me venge,
Merci, Sanche, merci !
J'aurai prouvé qu'en notre Espagne
La perfidie est en horreur !
La gloire est toujours ma compagne,
Et mon guide est toujours l'honneur !
DON SANCHE.
C'est Dieu ! c'est mon bon ange
Qui m'a conduit ici.
Noblement je le venge.
Merci, mon Dieu, merci !
J'aurai prouvé qu'en notre Espagne
La perfidie est en horreur !
La gloire est toujours sa compagne,
Et son guide est toujours l'honneur !

Deuxième Partie.

A gauche, le portail d'une chapelle ; au fond, riche paysage ; bords du Guadalquivir. — Pedro arrive dans sa barque ; il aborde en chantant.

SCÈNE PREMIÈRE.

PEDRO, puis DON BUSTOS ET DON GOMEZ.

PEDRO.
PREMIER COUPLET.
O nuit, de ton silence
Que j'aime la fraîcheur !
Sur le fleuve s'élance
La barque du pêcheur !
Là-bas m'attend ma belle,
Sous l'oranger fleuri ;
C'est l'heure solennelle
Où dort son mari.

DEUXIÈME COUPLET.
Pêcheur, jusqu'à l'aurore,
Autour de ce palais,
Reste, promène encore,
En chantant, tes filets !
Mais si l'on nous surveille,
Par des accents moins doux
Annonce à notre oreille
Les pas des jaloux !

Don Bustos entre avec Gomez. — Il est enveloppé de son manteau, la tête couverte d'un casque à visière.

DON BUSTOS.
On nous suivait !... je ne m'abusais pas !...
Quelque assassin payé par le roi ! sa vengeance
Ordonne à tout prix mon trépas !
De ce déguisement reconnais la prudence !

DON GOMEZ.
Et vous voulez partir sur-le-champ !

DON BUSTOS.
Il le faut !

DON GOMEZ.
Sans revoir votre fille...

DON BUSTOS.
Estrelle !... je lui laisse
Un époux digne d'elle, et de qui la tendresse
Ne lui fera jamais défaut.
Et pour moi tu la béniras !

DON GOMEZ.
Adieu donc !...

BUSTOS, revenant sur ses pas, en réfléchissant.
Si pourtant... quand je serai loin
[d'elle,
Un malheur imprévu la venait accabler...
Puis-je emporter ainsi... non !... Gomez, à ton
[zèle
Sans crainte on peut tout révéler !...
Il prend un parchemin qu'il lui fait lire.
Vois ce dépôt sacré !... lis !...

DON GOMEZ, lisant.
Grand Dieu !...

DON BUSTOS.
Par toi-même,
S'il en était besoin, qu'il soit remis au roi !...

DON GOMEZ.
Croyez...

DON BUSTOS.
Mais... seulement dans un péril extrême !...
Tu m'as compris ?

DON GOMEZ.
Comptez sur moi !...

Ils s'embrassent ; Gomez se retire, Bustos se dirige vers la barque qui l'attend.

SCÈNE II.

DON BUSTOS, DON ARIAS *masqué*, VALETS *armés et masqués*, PEDRO.

DON ARIAS.
Arrête !...
DON BUSTOS.
Que veux-tu ?
DON ARIAS.
Ta vie est en nos mains,
Tu le vois !...
DON BUSTOS, *baissant la visière de son casque.*
Eh bien ! à la prendre
Que tardez-vous ?
DON ARIAS.
Ici point d'assassins !...
On en veut à tes jours ; mais tu peux les défendre.
Lis.
Il lui remet un cartel.
DON BUSTOS, *lisant.*
« Si tu n'es lâche ni traître,
» Sans chercher à me connaître
» Au défi tu répondras !
» Ou si ton orgueil balance,
» Sous le bâton, sans défense,
» Comme un valet tu mourras ! »
Un valet !...
Il se retourne et voit plusieurs valets prêts à le frapper sur un signe d'Arias.
A part, avec exaltation.
Tu le veux !... que ton sort s'accomplisse !
Imprudent qui du ciel méconnais la justice !...
Haut à Arias.
J'accepte !
A part.
Dieu m'appelle à punir, je le vois,
Le mauvais fils, le mauvais roi !...
Don Sanche paraît, la visière baissée, l'épée et la dague au poing. Bustos se met en garde ; ils se battent en silence, et finissent par se prendre corps à corps, après avoir jeté leurs épées.
DON SANCHE, *le frappant d'un coup de dague.*
Meurs traître !...
DON BUSTOS, *tombant.*
Ah ! cette voix !...
DON SANCHE *le reconnaissant.*
Ciel ! don Bustos !...
DON ARIAS, *entraînant don Sanche.*
Partons !
DON SANCHE, *comme frappé de la foudre.*
Moi !... c'est moi !... malheureux !...
Il tombe évanoui dans les bras des valets.
DON ARIAS.
Entraînez-le !... fuyons !
Ils sortent.

SCÈNE III.

DON BUSTOS *mort*, PEDRO *suivi de deux hommes du peuple*, *puis* ZAIDA *suivie de quelques femmes de la maison d'Estrelle.*

PEDRO.
Un meurtre !...
Reconnaissant Don Bustos.
Ah ! se peut-il !...
Il cherche, aidé par les deux hommes du peuple, à ranimer Don Bustos. — On entend une musique gaie annonçant l'arrivée d'Estrelle, et Zaïda paraît, en habits de fête. Pedro court au-devant d'elle.
Ta maîtresse t'est chère !...
Qu'elle n'approche pas.
ZAÏDA, *voyant le corps de Bustos.*
Dieu !
PEDRO.
Mort !...

SCÈNE IV.

LES MÊMES, ESTRELLE, GOMEZ.

ESTRELLE, *qui a entendu les derniers mots, entre précipitamment.*
Qui mort ?...
Voyant Bustos.
Mon père !...
Ah ! mes pressentiments ne m'abusaient donc
[pas !...
Elle tombe évanouie sur son corps.
CHOEUR.
Coup imprévu... cruel trépas !...
Pedro sort pour se mettre à la poursuite du meurtrier.
ESTRELLE, *se relevant avec peine et restant à genoux à côté du corps de Bustos.*
Mort !... mort !... non, ce n'est pas possible :
C'est encore un songe terrible...
Il va s'éveiller... il m'attend
Pour embrasser... pour bénir son enfant !
Elle retombe en pleurant.
CHOEUR.
Erreur touchante ! affreux tourment !
ESTRELLE *se relevant avec exaltation.*
Eh ! qui donc l'a frappé ? quel monstre abomina-
A commis ce crime exécrable ?   [ble
Sur le plus noble des humains
Qui donc osa porter les mains ?
CANTABILE.
Ta vertu, ta bonté, mon père,
N'ont pu désarmer leur fureur !
Et je reste encor sur la terre
Sans toi... seule avec ma douleur !...
Voilà... ce bonheur... cette fête !
Ce jour qui te semblait si beau !...

Ce temple où mon hymen s'apprête
Va se fermer sur un tombeau!...
Ta vertu, ta bonté, mon père,
N'ont pu désarmer leur fureur !
Et je reste encor sur la terre !...
On ne meurt donc pas de douleur !...

Pédro rentre et parle bas à Zaïda.

ZAÏDA, *montrant Pedro.*

Des meurtriers, madame, il a suivi la trace...

ESTRELLE.

Eh bien!...

ZAÏDA.

Hélas ! comment l'apprendre sans effroi !
Au détour de la grande place,
Ils sont entrés dans le palais du roi!...

ESTRELLE.

Dans le palais du roi...

A Pédro.

Tu les as vus?...

Pedro fait un signe affirmatif.

Qu'importe ?
Est-il crainte aujourd'hui qui sur l'honneur l'em-
{ porte ?
Sous les haillons du pauvre ou le manteau du roi
On peut saisir le crime en invoquant la loi !...
Trêve aux douleurs !... c'est au courage
A nous inspirer désormais.

Aux parents qui l'entourent.

A vous guider l'honneur m'engage !...
Vous, à me suivre êtes-vous prêts ?

TOUS.

A vous suivre nous sommes prêts !

ESTRELLE.

Pour nous, sur cette terre,
Ni repos ni bonheur
Tant que l'ombre d'un père
Attendra son vengeur !
Moi !... ma douleur profonde
N'éclate pas en vain !...
Aux limites du monde
J'atteindrai l'assassin.

CHOEUR.

Non, sa douleur profonde
N'éclate pas en vain.
Aux limites du monde
Poursuivons l'assassin.

ESTRELLE.

Amour de la vengeance,
Si cher aux nobles cœurs,
A ta voix l'espérance
Tarit déjà mes pleurs !...
Du sang suivons la trace.
Dieu guidera nos pas
Et marquera la place
Où doit frapper mon bras.

CHOEUR.

Du sang suivons la trace.
Dieu guidera nos pas
Et marquera la place
Où doit frapper son bras.

On enlève le corps de Bustos. Estrelle se jette un voile noir sur la tête, et sort à la tête de la famille.

ACTE QUATRIÈME.

Une salle du palais du Roi. Au fond, un balcon donnant sur un précipice.

SCÈNE PREMIÈRE.

LE ROI, DON SANCHE.

DON SANCHE.

Il est assis dans un fauteuil, donnant tous les signes d'un violent désespoir. Le Roi, debout à côté de lui, le regarde avec douleur.

Qui donc comprendra ma misère !...
Estrelle.... j'ai tué ton père....
Et vers toi je ne puis courir
Pour te voir encore et mourir !...

LE ROI.

Qu'as-tu fait malheureux ! A quelle peine af-
{freuse
Te condamne aujourd'hui ta ruse généreuse ?...
Que ne me laissais-tu combattre !... Ah ! de son
{sang
Ton roi voudrait payer le remords qu'il ressent !

ROMANCE.

Ainsi que toi j'aimais Estrelle,
Don Sanche, et je connais ton cœur.
Je sais, crois-moi, ce que pour elle
Il a dû souffrir de douleur !
D'un ennui, d'un chagrin frivole,
L'amitié guérit en un jour....
De tout, hélas ! elle console....
Hormis des peines de l'amour !
Mais quel bruit !.....

DON ARIAS.

Une foule immense
Du trépas de Bustos vient demander vengeance.

LE ROI, *à part.*

Déjà !.....

DON ARIAS.

Sa fille en deuil veut s'adresser au roi !

Des alcades suivie, elle invoque la loi !
DON SANCHE, *se levant comme pour se livrer.*
Eh bien !...
LE ROI, *à Don Sanche.*
Cache aux regards cette pâleur mortelle,
Don Sanche, et d'un ami laisse faire le zèle !...
Don Arias fait entrer Don Sanche dans un cabinet. Le Roi s'assied et fait signe de laisser entrer Estrelle.

SCÈNE II.
LE ROI, DON ARIAS, ESTRELLE, ZAIDA, PEDRO, ALCADES, PARENTS D'ESTRELLE, PEUPLE.

ESTRELLE.
Sire ! un homme habitait Séville !...
Un homme honorable entre mille !...
A son pays vingt ans utile,
Fidèle à son culte, à ses rois !
On vantait partout sa sagesse,
Car du peuple et de la noblesse,
Magistrat sans peur, sans faiblesse,
Il faisait respecter les droits !...
Sire, cet homme était mon père !...
Hors don Sanche, nul adversaire
A le vaincre n'eût réussi !...
Sire, il a fallu pour l'abattre,
L'assassiner, non le combattre,
Et son assassin est ici.......

LE ROI.
Qui te l'a dit ?...
ESTRELLE, *montrant Pedro.*
Lui... qui le jure
Sur le livre de vérité...
Pour le félon ou le parjure,
Sire, point d'hospitalité !...

LE ROI.
Dans un combat loyal... d'un courroux légitime
Si ton père est tombé victime,
Faut-il donc punir le vainqueur ?
ESTRELLE.
Les alcades sont là pour condamner le crime
Ou pardonner l'erreur......
LE ROI.
Les alcades... en leur justice
Plus qu'en la mienne avez-vous foi ?
ESTRELLE.
Craignez le soupçon, sire... il est plus d'un
Qui pourrait l'éveiller...... [indice
LE ROI.
Imprudente !... à ton roi
Tu veux.....
DON SANCHE, *paraissant tout à coup.*
Que mon sort s'accomplisse !
C'est trop souffrir ! le coupable... c'est moi...
ESTRELLE.
Toi !...

LE ROI, *à Don Sanche.*
Qu'as-tu fait ?...
TOUS.
Oh ! jour d'effroi !...
Estrelle tombe dans les bras de Zaïda.

ENSEMBLE.
ESTRELLE.
A ma douleur extrême
Manquait un tel malheur !...
Malgré l'aveu... moi-même
Je doute au fond du cœur !
Couvert du sang d'un père...
Il s'offre au coup vengeur ;
De cet affreux mystère,
Comment percer l'horreur ?

DON SANCHE.
A ma douleur extrême
Manquait un tel malheur...
Je doute encor moi-même,
Glacé par la terreur...
D'un crime involontaire...
Punis l'indigne auteur.
O mort !... de ma misère
Termine enfin l'horreur.

LE ROI, *montrant Estrelle.*
A sa douleur extrême
Manquait un tel malheur...
Dieu sait combien moi-même
Je souffre au fond du cœur !...
Il a frappé son père,
Perdu tout son bonheur !...
Je suis de sa misère
L'indigne et seul auteur.

ZAIDA, PEDRO *et le* CHOEUR.
A sa douleur extrême
Manquait un tel malheur !...
Malgré l'aveu... moi-même
Je doute au fond du cœur...
Couvert du sang d'un père...
Il s'offre au coup vengeur.
De cet affreux mystère
Comment percer l'horreur ?

ENSEMBLE.
DON ARIAS.
En ce moment suprême
De honte et de douleur,
Je vois le roi lui-même
Frémir au fond du cœur !...
Du peuple en sa colère
Craignons l'arrêt vengeur.
Va-t-il de ce mystère
Percer enfin l'horreur ?...

ESTRELLE, *à Don Sanche.*
Tuer mon père !... toi !... pourquoi ?...
Tu mens !... non ! tu n'es pas coupable !...
Non ! de quelque intrigue effroyable

On t'a rendu victime !... Au nom du ciel ! dis-
Dis-moi donc que ce n'est pas toi !... [moi...
    DON SANCHE.
Hélas !...
    ESTRELLE.
   Il t'aimait comme un père...
Don Sancho !... avec sa fille, à son heure der-
          [nière
S'il a nommé quelqu'un... c'est toi... toi qu'en
         [partant
Il laissait pour appui... pour guide à son en-
         [fant...
Et tu l'aurais frappé... toi !... ta main crimi-
Aurait versé le sang de ton Estrelle; [nelle...
Car ce sang... cruel !... c'est le mien !...
    DON SANCHE.
Je l'ai frappé !...
    ESTRELLE.
   Seul ?
    DON SANCHE.
   Seul !...
    ESTRELLE.
      Eh bien ! [ble,
Quelqu'un t'a commandé ce meurtre épouvanta-
    Regardant le Roi.
Et ce sera le vrai coupable...
Lui !...
    LE ROI.
Pourquoi ces regards ainsi fixés sur moi ?...
    ESTRELLE.
Parce qu'à mon amant je crois plus qu'à mon
         [roi !
    DON SANCHE.
Estrelle !... au nom de Dieu qui comprend ma
         [misère !
Au nom d'un saint amour désormais sans es-
         [poir...
Nul ne m'a commandé le meurtre de ton père...
Je crus, en le frappant, accomplir un devoir !
 ESTRELLE, *tombant dans les bras de Zaïda.*
J'expire !...
   DON SANCHE, *aux Alcades.*
   Et maintenant de la justice humaine
    Faites parler la loi.
Le crime est avéré... prononcez-en la peine,
    Je l'attends sans effroi.
Sur un signe des Alcades, les Alguazils font un pas vers
    don Sanche.
    LE ROI.
   Arrêtez !... un antique usage
Par l'honneur castillan dans ces murs consacré,
   Comme victime ou comme otage
Veut qu'aux parents du mort l'accusé soit livré !
Tu demandais vengeance en ta sainte colère,
Estrelle !... et je te dois rendre justice !... à toi
D'absoudre ou de punir le meurtre de ton père,

Je le veux ainsi... moi, le roi !

En entendant les derniers mots, Estrelle, qu'on avait placée à demi évanouie dans un fauteuil, se lève, regarde fixement le Roi, et retombe comme frappée de la foudre, sans pouvoir prononcer une parole. Sur un signe du Roi, tout le monde sort en silence, excepté Don Sanche.

SCÈNE III.
ESTRELLE, DON SANCHE.
ESTRELLE, *sans voir Don Sanche.*
Ai-je encor ma raison ?... par qui suis-je mau-
        [dite ?
A mes tourments, pourquoi n'est-il pas de
        [limite ?
Qu'ai-je donc fait, mon Dieu !... quel est mon
       [crime, enfin,
Pour m'accabler ainsi d'une douleur sans fin ?...
   Apercevant don Sanche :
Écoute-moi, don Sanche ; ainsi que dans mon
        [rêve...
Un obstacle invincible entre nous deux s'é-
        [lève !...
Nos liens sont brisés !... sous la main de la loi
Tu n'as plus maintenant qu'un juge devant
        [toi !...
Je te sais innocent ! si le destin t'accable,
Si ton bras a failli... ton bras seul est coupable.
    DON SANCHE.
Qui l'a dit ?
    ESTRELLE.
  Dieu ! mon cœur dédaigne les détours !
Je te sais innocent, car je t'aime toujours !...
Ne crois pas cependant qu'au mépris de ma
        [gloire
Du sang versé je puisse étouffer la mémoire !...
Ne crois pas que je puisse, au profit de l'amant,
Déserter mon devoir et trahir mon serment !
Tu me mépriserais si j'en étais capable !...
Aux yeux de tous... il faut cesser d'être cou-
Il faut me révéler le mystère assassin [pable ;
Qui d'un ami t'a fait percer le sein !...
    DON SANCHE.
De mon malheur, Estrelle, ignore l'étendue !...
Estrelle pour don Sanche est à jamais perdue.
Je le sais, et ne puis que déplorer mon sort.
Aucun aveu ne peut m'arracher à la mort !...
    DUO.
    ESTRELLE.
Ainsi tu veux qu'aux yeux de ma famille
Moi !... d'un martyr indigne fille,
En t'épargnant j'ajoute à ma douleur
Le parjure et le déshonneur !
    DON SANCHE.
Jamais !... Au glaive qui s'apprête
Je veux que tu livres ma tête...

Je veux !... si ton cœur hésitait
Trop faible... à signer mon arrêt !...
T'épargner à l'instant moi-même (t'aime !
La douleur de frapper un malheureux qui
Montrant le précipice.
L'abîme est là... pardonne !... et sans bour-
[reaux
Je demande au trépas l'oubli de tant de maux !

ESTRELLE.
Mourir !... il veut mourir !... seul ! et sur cette
[terre
M'abandonner... en proie à ma douleur
[amère !...
Il veut combler ma peine... et me laisser pleu-
[rant
Les jours où j'adorais mon père et mon
[amant !...

Ah ! si je te suis chère,
Écoute ma prière !
Si d'un temps plus prospère
Il te souvient toujours...
Défends-toi... qu'une amie
Par un aveu fléchie,
Sans mourir d'infamie
Puisse épargner tes jours !

DON SANCHE.
Pitié de ma misère,
Non ! j'ai tué ton père !
Ce cœur brisé, sur terre,
N'aurait plus qu'à souffrir.
Du combat qu'il se livre
Le trépas seul délivre,
Pour toi je ne puis vivre...
Ah ! laisse-moi mourir !...

Là-haut, devant ce Dieu qui connaît l'inno-
[cence,
D'être aimé sans remords je garde l'espérance !
D'un crime involontaire absous par la douleur,
J'y peux prétendre encore à l'amour, au bon-
[heur !...

ESTRELLE.
Eh bien ! oui ! tu l'as dit ! là-haut plus de mys-
[tère !
Dieu connaît le secret que ton honneur veut
[taire !...
D'un crime involontaire, absous par la dou-
[leur,
On peut prétendre encore à l'amour, au bon-
Viens donc !...   [heur !...

DON SANCHE.
Comment !...

ESTRELLE.
Don Sanche hésite à me comprendre ?
Le bonheur est là-haut, dis-tu ? Pourquoi l'at-
[tendre ?
Vivre ensemble eût été le comble de nos vœux ;
Mais puisqu'il faut périr, périssons tous les
[deux !...

Allons fléchir le ciel !... allons trouver mon
[père !...
Allons lui demander la fin de ma misère !...
Partons pour ce séjour de clémence et de paix
Où les amants heureux ne se quittent jamais !
Ta main dans la mienne...
Ton cœur sur mon cœur...
Brisons notre chaîne !
Là-haut ! le bonheur !
Dépouille mortelle,
Flotte au gré du vent,
L'âme est éternelle
Et Dieu nous attend !...

DON SANCHE.
Quoi !... tu veux !...

ESTRELLE.
Partons pour les cieux !...

ENSEMBLE.
DON SANCHE.
Ta main dans la mienne !
Ton cœur sur mon cœur !
Brisons notre chaîne,
Là-haut ! le bonheur !
Dépouille mortelle,
Flotte au gré du vent !
L'âme est éternelle
Et Dieu nous attend !

ESTRELLE.
Ta main dans la mienne !
Ton cœur sur mon cœur !
Etc., etc.

SCÈNE IV.

LES MÊMES, LE ROI, *un papier à la main;*
GOMEZ.

GOMEZ.
Ciel !...

LE ROI, *arrêtant Sanche et Estrelle, prêts à se*
précipiter dans l'abîme.
Malheureux ! qu'alliez-vous faire !...
Quand Dieu, touché de tant de pleurs,
Vient mettre un terme à vos douleurs !...

ESTRELLE *et* SANCHE, *montrant le ciel.*
Là-haut !...

LE ROI, *présentant le papier à Estrelle.*
Lisez !... lisez... c'est la main de mon père,
Confiant à Bustos sa volonté dernière !...

ESTRELLE, *lisant.*
« Fruit d'un amour secret, Estrelle est mon
[enfant !... »

ESTRELLE *et* SANCHE.
Ciel !...

ESTRELLE, *continuant.*
« Je te la lègue en mourant !...

» Moi... Tant qu'il se pourra... cache-lui sa nais-
[sance!...
» En l'adoptant, d'un frère usurpateur
» Epargne-lui, par ton silence,
» Ou les dédains, ou la rigueur! »

LE ROI.

Achève!...

ESTRELLE, *continuant.*

« Un jour, pourtant, si le remords éclaire
» L'ingrat que j'aimais... si d'un père,
» Il déplore enfin l'abandon...
» Que ses bras s'ouvrent pour Estrelle!
» Qu'elle soit heureuse, et par elle

» Descendra sur lui mon pardon! »

Après un moment de silence, se tournant vers don Sanche :

Sanche !...

SANCHE, *qui a fait, de son côté, le même mouvement.*

Estrelle !...

LE ROI, *les jetant dans les bras l'un de l'autre.*

... Le sang d'un père
Ne s'élève plus entre vous !
Et Bustos, pardonnant un crime involontaire
Du haut des cieux priera pour nous !...

FIN.

Imprimerie de Vᵉ Dondey-Dupré, rue Saint-Louis, 46, au Marais.

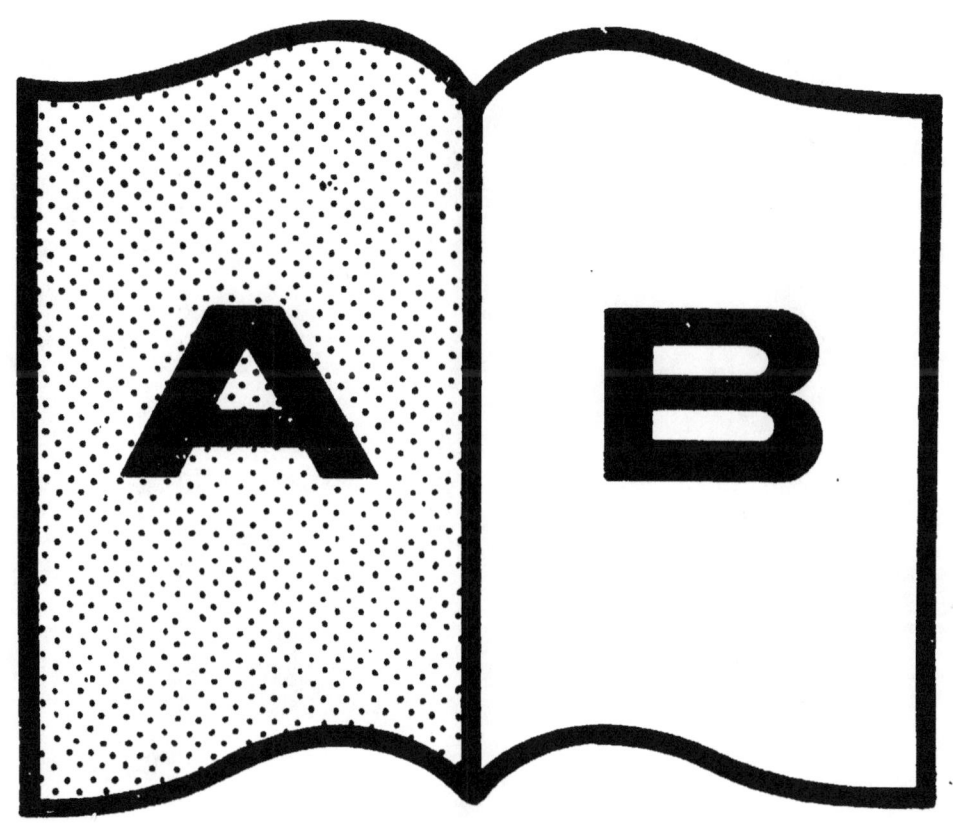

Contraste insuffisant

NF Z 43-120-14

www.ingramcontent.com/pod-product-compliance
Lightning Source LLC
Chambersburg PA
CBHW070539050426
42451CB00013B/3085